JEDEM ALTER WOHNT
EIN ZAUBER INNE

ausgewählt und zusammengestellt
von Claudia Peters

Liebe Leserin und lieber Leser!

Zugegeben, in einer Gesellschaft, für die „fit und fun“, der äußere Schein und das ewige Jungsein oberstes Gebot sind, und in der viel Geld ausgegeben wird, um die Spuren des Alters zu vertuschen, ist es nicht einfach, sich als älterer oder alternder Mensch zu behaupten, geschweige denn wohl zu fühlen.
Vielleicht müssen die ersten grauen Haare und Altersflecken auf der Haut ja auch betrauert werden?
Aber irgendwann - kommt doch der Punkt, wo das Vertuschen nicht mehr geht, ohne dass man sich lächerlich macht oder das Leben in einem ständigen Kampf gegen sich, seine Falten, seine zunehmenden Kilos am Bauch, die dicker werdenden Brillengläser oder was auch immer enden würde.
Spätestens dann stellt sich die Frage, was will ich noch von meinem Leben?
Will ich einen Kampf kämpfen, den ich nur verlieren kann – oder beginne ich mich unabhängig zu machen von äußeren oder auf Leistung reduzierte Kriterien?
Seine Falten und Narben - als Zeichen von gelebtem Leben – lieb zu gewinnen und sie vielleicht irgendwann einmal sogar geradezu stolz zu „tragen“, dazu braucht es sicher Zeit und vielleicht auch eine Portion trotziger Eigenständigkeit. Aber genau dazu möchte Sie dieses Buch auch einladen und ermutigen:

Statt sich kritisch zu beäugen oder zu bekämpfen, wertschätzen Sie Ihren Erfahrungsvorsprung, Ihre größere Gelassenheit vielen Themen gegenüber, Ihre gewachsene Demut, die Dankbarkeit für die kleinen Dinge, die langsamere Gangart.
Nehmen Sie sich voller Respekt immer wieder einmal liebevoll selber in die Arme und vor allem, lassen Sie sich von nichts und niemandem diese Lebensphase vermiesen. Sie macht ihre eigenen Geschenke und hat ihre ganz eigenen Vorzüge. Denn dem Alter wohnt ein Zauber inne, es kommt allein auf die Sichtweise an.
„Altwerden ist wie auf einen Berg steigen. Je höher man kommt, desto mehr Kräfte sind verbraucht, aber um so weiter sieht man." formulierte es Ingmar Bergman.

Ich wünsch Ihnen viel Freude am gepflegten Älterwerden und an der Weitsicht!

Claudia Peters

KOMPLIMENT!

Dein Alter steht dir so gut
wie deine innere Beweglichkeit.
In jedem deiner grauen Haare
sehe ich eine winzige Spur Weisheit
und nicht Anzeichen des Vergreisens.
Es macht mir Mut, dass du nicht
auf übertriebene Weise versuchst,
so jugendlich wie möglich zu wirken.
Das hast du auch gar nicht nötig,
denn du strahlst von innen!
Langsam, beginne ich zu ahnen:
Es ist deine Seele, die durchschimmert.
Sie ist schön und vollkommen alterslos.

Angelika Wolff

Es kommt eine Zeit
da wachsen die Bäume
nicht mehr in den Himmel
Sie haben ihre Größe erreicht
und sind es zufrieden
Sie wiegen ihre Krone im Wind
selbst die Stürme sehen sie gelassen.
Sie haben viele erlebt

Es kommt eine Zeit
da ist die Sonne golden
sie sticht nun nicht mehr
ihre milde Wärme gibt
den Früchten die Süße
und Licht auf die
Netze der Spinnen –
jetzt ist die Zeit der Ernte

Es kommt eine Zeit
Da fragen sich Manche,
wo komm ich her,
wo will ich noch hin?
Da ziehen Frauen auf Reisen
im Bündel Feder und Stein,
altes Wissen, neue Fragen.
Es ist Altweiberzeit

Sie nutzen ihr Netzwerk
das stark und belastbar
schon lange geknüpft
sie binden zusammen
sie tauschen sich aus
sind unterwegs in ein
neues Land, das Alter heißt

Gundela Leenen

ÄLTERWERDEN

Ich muss mich erst daran
gewöhnen,
dass meine Augen schlechter
werden
und dass sich meine Haare
täglich immer grauer färben.

Ich muss mich erst daran
gewöhnen,
auf Zettel alles
aufzuschreiben
und bei allen Festen
nicht mehr bis zum Schluss
zu bleiben.

An meine volle Mitte
muss ich mich auch
gewöhnen
und dass mich meine Falten
angeblich noch verschönen.

Ich muss mich erst daran
gewöhnen,
dass kein Mann mehr nach
mir schaut
und dass ich so schnell müde
werde,
hab ich auch noch nicht
verdaut.

Ich werde mich nicht
gewöhnen
an garstige Zeitgenossen,
die machen mich noch
immer
sehr wütend und verdrossen.

Ich werd mich nicht
gewöhnen,
an das was auf der Welt
geschieht,
solang in meinem Herzen
die Lebenslust noch blüht.

Hermine Geißler

WAHRES GESICHT

Ich suche im Spiegel
mein wahres Gesicht
nicht die graue Miene
die will ich nicht!
Will nicht die Schatten
und die grauen Falten
die den Tag
schon am Morgen
trostlos gestalten
die Augen trüb
ohne Freude und Glanz
so will ich mich nicht
mit diesem Trauerkranz.

Ich will helles Lachen
und Augenblitzen
nette Grübchen die in
den Mundwinkeln sitzen
ein leichtes Schmunzeln
das über die Nase fliegt
und sich dem Leben
gelassen zu Füßen legt!

Ein Leben
das sofort anfängt
wenn ich nur will!
So steh ich vor dem
Spiegel
und beobachte still
wie während der
Zwiesprache nun
auf einmal ganz sacht
mein wahres Gesicht
mir entgegenlacht!

Hermine Geißler

Ich möchte jetzt neu wieder leben,
in mir soll es jauchzen und beben,
ich will neue Träume mir weben,
zum Himmel hinauf will ich streben,
und bleibst du am Erdboden kleben,
ich stelle mich nicht mehr daneben,
will gern meine Hände dir geben,
dann kannst du dich mit mir erheben

zum großen, zum herrlichen Leben…

Ute Latendorf

Ich wünsche mir im Alter:

Einen aufrechten Gang,
einen klaren Blick,
einen aufgeweckten Geist,
eine furchtlose Seele
und
ein liebevolles Herz.

Ute Latendorf

JUBELLIED

Und sollt´ ich taub sein, an Krücken gehen
oder blind sein, nicht mehr klar denken,
dann wäre das Leben, im Ganzen gesehn,
für mich noch immer viel zu schön,
um die weiße Fahne zu schwenken.
Ich werd´ keinen Tag, keinen Augenblick
von meinem Leben verschenken!

Und werd´ ich schon stumm sein,
so werd´ ich mich doch
- trotz bittrer Erfahrung, Krankheit und Joch
und Verlusten – noch lang nicht ergeben,
sondern den Blick, den letzten noch,
die Sonne spiegelnd erheben:
Welches Glück, welche Lust zu leben!

Gudrun Pausewang

LEITSPRUCH

Zur rechten Zeit trauern –
und auch mal laut klagen.
Doch immer
- an allen Tagen,
ob´s besser, ob´s schlimmer –
das Leben wagen!

Gudrun Pausewang

MANCHMAL

Du hast Angst vor dem Alter
vor dem Nachlassen deiner Kraft
vor dem Verbrauchtsein.

Manchmal
siehst du alte Menschen
mit einem Lächeln im Gesicht
ein Lächeln so schön
und die Schatten werden kleiner.

Anne Steinwart

ALT WERDEN UND DOCH JUNG BLEIBEN

Bei manchen Menschen brechen im Alter,
das gemeinhin als der Herbst des Lebens bezeichnet wird,
Frühlingskräfte hervor, neue Knospen und schöne, späte
Blüten.
Gemeint sind nicht der sogenannte „zweite Frühling“, sondern
die Erneuerungskräfte der Seele, die sich in der lebensreifen
Persönlichkeit entfalten wie die Natur im Frühling,
wenn die Sonne die Pflanzen weckt.
Jede einzelne Falte, besonders die rund um die Augen,
mutet bei diesen Menschen an wie ein wärmender
Sonnenstrahl,
eingebettet in Lächeln. Oft sind diese Menschen humorvoll
und gütig,
im besten Falle spontan und originell im Denken wie im
Handeln.
Dies alles kann ein älter werdender Mensch aber nur sein,
wenn er bei Zeiten eine echte Alterskultur entwickelt hat,
nicht in Selbstbehauptung verhärtet
oder in Besserwisserei jenseits aller Weisheit erstarrt.
Nur in einer Art Selbstvergessenheit,
mit versöhnlichen Erinnerungen an die Vergangenheit,
mit Gelassenheit und Vertrauen in Gegenwart und Zukunft,
kann der Mensch er selbst werden und
sich und anderen freundlich entgegen kommen!.

Angelika Wolff

DIE SEELE KENNT KEINE FALTEN

Wundersame Zeit,
du vergehst wie im Flug,
heimlich und leise.

Ich erkenne Dich nur am Wandel,
atmest im Gleichtakt stets ein und aus
und veränderst dabei Dein Gesicht,
doch bist Du immer die Gleiche.

Auch wenn Du vergehst
und alles verwandelst,
fühl ich mich doch jung
ohne Falten,
fall niemals aus Dir heraus,
denn alle Zeiten
und Ewigkeiten
ruhen in Gottes Händen.

Annedore Großkinsky

Arbeiten und alt werden,
das ist es,
was das Leben von uns erwartet.
Und dann eines Tages alt sein.
Aber noch lange nicht alles verstehen, nein.
Aber anfangen,
aber lieben,
aber ahnen,
aber zusammenhängen
mit Fernem und Unsagbarem,
bis in die Sterne hinein.

Rainer Maria Rilke

An düsteren Tagen
die innere Schatztruhe öffnen.

Dem Lachen vergangener Zeiten lauschen,
sich anstecken lassen, einstimmen.

Die Luft des Sommers atmen,
auf ihr träumend ins Blaue schweben.

Düstere Tage mit Sommerfarben anmalen:
klatschmohnrot, sonnengelb, veilchenblau.

Die Schätze vergangener Zeiten heben.
Spüren, wie reich ich bin.

Tina Willms

ALTE SCHACHTEL

Über deine Länge und Breite sind je ein
rotes Gummiband gespannt, damit du
nicht aus allen Nähten platzt. Dein Deckel,
an sämtlichen Ecken bestoßen, hat sich
verzogen, so viel wölbt sich von innen dagegen.
Erinnerungen an gelebtes Leben wurden dir anvertraut,
und Jahr um Jahr hast du sie vor dem Vergessen
bewahrt. Eine Fülle ganz besonderer, privater
Schätze birgst du, den Taufspruch deines Besitzers
vielleicht, oder ein Stück Borte eines Kinderkleides,
ein Milchzahndöschen, den silbernen Fingerhut der
Großmutter und Bilder, die nie in ein Album fanden.
In einem vergilbten Umschlag sammelst du alte
Kalendersprüche, bunte Urlaubspostkarten, Geburts-
und auch Todesanzeigen, die für deinen Besitzer eine
besondere Bedeutung haben. Vielleicht findet sich dort
auch eine kleine Scherbensammlung von etwas, das
längst wieder zusammengefügt werden sollte.
Noch ist es nicht zu spät…
Ja, es ist viel zusammengekommen in all den Jahren
und Jahrzehnten
und langsam wird der Platz eng.
Bist mittlerweile eine ganz schön alte Schachtel, du!

Angelika Wolff

ZEIT
IM ALTER ZU SEIN

vorbei die zeit
von außen
dies und das
zu tun

zeit
bei mir anzukommen
hallo – da bin ich
ich habe zeit für mich
mich gut zu verstehen
zu mir zu stehen

zeit
die mir noch übrig bleibt
mein leben
liebevoll in die arme
zu nehmen
etwas zu gestalten,
das am ende
noch bleibt

Manfred Fischer

Gestern schon
habe ich
meinen grauen Kittel
an den Nagel gehängt

Heute weiß ich mich
farbenfroh
neu
zu erfinden

Christel Anders

Die Grundlage aller Lebensweisheit ist:
dass in der richtigen Weise nur alt wird,
wer das Altwerden innerlich annimmt.

Romano Guardini

„Gib die Dinge der Jugend mit Grazie auf“, rät die evangelische Theologin Elisabeth Moltmann-Wendel in einem verständnisvollen Buch zum Älterwerden mit Lebenskunst. So lange haben wir den „aufrechten Gang“ geübt Aber warum nicht einen Stuhl verlangen und sitzen, wenn das Stehen beschwerlich ist? Warum nicht liegen, wo man nicht stehen muss und wo man sich entspannen, „sich gehen lassen“ kann? Und schließlich auch unsere Erinnerungen „gehen lassen“: warum nicht sprechen über unsere Erfahrungen, über so viel Verdrängtes, nicht wirklich Verheiltes? Ich habe es selber erfahren, wie befreiend und heilend es ist, seine eigenen „Lebenserinnerungen“ aufzuarbeiten.

Hans Küng

LEBENSTHEATER

So ein Leben,
welche Vielfalt bietet es
an Inszenierungen?
Das Genre wechselt von Jahr zu Jahr.
Mal gibt es mehr Dramen,
Trauerspiele sind immer dabei,
Komödien leider seltener,
eher komische Opern,
aber auch hie und da Charakterstücke,
und natürlich auch zähe Klassiker!

Je nach Gutdünken
des allmächtigen Regisseurs.

Nicht immer
war die eigene Rolle glücklich,
oft war das Kostüm zu eng,
die Mitspieler sperrig,
die Proben zu kurz,
der Einsatz verpatzt,
und die Souffleuse nie da,
wenn man sie brauchte!

Aber manchmal
waren wir richtig gut,
auch Dank unserer Mitspieler!
Alles gelang!
Die richtigen Worte
perlten von den Lippen,
ein fast vergessener
Enthusiasmus trug
durch das Stück,
brausender Applaus,
begeisterte Gesichter,
glückliche Stunden!

Davon lebt unser Theater,
aber eben nicht nur vom Erfolg,
sondern auch vom mühsamen
Üben, vom Scheitern,
und wieder und wieder probieren,
jedes Jahr aufs Neue!

Hermine Geißler

TÄGLICH

Aus Erinnerungsquellen
Hoffnungswasser schöpfen.

Sich erfrischen und stärken
für die Zeiten, die kommen.

Tina Willms

Wir Menschen sind wie Wein.
Beim Älterwerden können wir entweder zu Essig werden –
oder zu großer Köstlichkeit reifen.

Johannes XXIII.

LEBENSÜBUNG

Je öfter wir einen Weg gehen, desto vertrauter wird er uns und desto wahrscheinlicher entdecken wir Neues, können Altbekanntes besser verstehen, nehmen zuvor Übersehenes wahr. Diese Effekte sind noch stärker, wenn wir den vertrauten Weg zurückgehen. Nichts anderes macht der alternde Mensch, indem er sich erinnert.
Vieles erscheint rückblickend in einem völlig neuen Licht, hat, von hinten betrachtet, eine andere Wirkung. Manches verklärt sich, anderes ist blasser geworden und unscheinbar.
Dann ist es manchmal, unabhängig vom Alter, gut Abschied zu nehmen, beispielsweise von überkommenen Vorstellungen und sich um eine neue Sichtweise zu bemühen.
Diese birgt immerhin das mögliche Wunder, das wir die Dinge, die Welt, den anderen und uns selbst plötzlich mit anderen Augen sehen und vielleicht unverhofft ein Stück Frieden finden, wo wir es nicht vermutet hatten: tief drin in unserem Herzen.
So kann aus der Lebensübung unversehens eine Liebesübung werden!

Angelika Wolff

NUN …

wege im alter

einen schritt
weniger
was da alles sein soll
ich immer wieder machen müßte

einen schritt
weiter
im loslassen
im wissen
von all dem in dieser Welt
nichts bleibt
im sterben
den anfang
erblicke
für was ganz neues

wege
beschreite
glückselig zu sein
mit dem
was ich heute besitze

da
anzukommen
was ich von anbeginn
bin
den ganzen reichtum
meines innersten
ausmacht

manfred fischer

BEGINNE

Beginne
heute damit –

das Leben
zu sehen, auch wenn es blendet
zu verstehen, auch wenn es fordert
zu verbessern, auch wenn es zerstört
zu lieben, auch wenn es verletzt
zu leben, auch wenn es vergeht

Marion Schmickler

ERFÜLLTES LEBEN

Je mehr die Sonne sinkt,
umso tiefer fallen die Schatten,
je mehr Freude wächst,
umso geringer wird das Leid,
je mehr du auf Hoffnung setzt,
umso stärker wird dein Glaube,
je mehr du Liebe gibst,
umso unwichtiger wird dein Ich,
je mehr du dich verschenkst,
umso erfüllter wird dein Leben.

Carola Merkel

Wie mit den Lebenszeiten
so ist es auch mit dem Glück
keines währt lange genug
um sich darin einzunisten
es bleibt die Suche nach dem
Vollkommenen
und das kurze Glück
in den Scherben.

Wenn es Zeit ist
lege die Scherben zusammen
und du entdeckst
dein vollkommenes Muster.

Ursula Kreutz

STATIONEN DES LEBENS

Schritte Tag für Tag
Lange eilige
Voller Alltagshektik
Kleine zögernde
Voller Angst um
Heute und morgen
Verzweifelt fliehende
Vor Verfolgern
Und Unverständnis
Einsame – aber auch
Gemeinsame in
Freundschaft und Liebe
Sei sie auch grenzenhaft
Erfolgreiche durch
Schaffen in Freude
Fröhlich hüpfende
durch das Wort und den Glauben
An das Wort
Stationen des Lebens
Sind Schritte himmelwärts

Maria Sassin

GEMEINSAME ZEIT

Heute in alten Bildern
geblättert
und weit zurück geträumt.
Sag, wohin sind die
Jahre gegangen –
wo ist unsere Zeit?
Du lächelst und liest mir
ein graues Haar von der Schulter.
Ein reifes Haar,
es könnte ein Buch erzählen.
Die Zeit der Silberfäden
hat uns ereilt.
So viele Jahre an deiner Seite,
in deinen Augen noch immer
ein Wort.
Was ich dir lange schon
sagen wollte,
damit du es wieder weißt:
Ich bin so froh, dass wir uns
noch haben.
Ich bin dankbar, dass es dich gibt.

Sabine Ulrich

ICH LEBE NOCH

Ich lebe noch,
ich bin noch da,
weiß nicht, ob schon
mein Ende nah.

Ich bin noch da
und spüre mich,
und lebe noch
und sehe dich.

Ich bin zwar krank,
doch noch ganz fit
und geh noch gern
ein Stückchen mit.

Ich lebe noch
und will noch was,
will Freundschaft, Nähe,
Freude, Spaß.

Wenn ich dann geh,
geh ich nach Haus
und ruh mich dort
vom Leben aus.

Ich gehe fort
und hoffe nur,
es bleibt von mir
dann eine Spur.

Ich bin nicht tot,
ich atme noch
und wenn ich sterbe,
leb ich doch.

Ute Latendorf

MITTEN IM LEBEN

denke ich an die Toten,
die ungezählten und die mit Namen.
Dann klopft der Alltag an,
und übern Zaun
ruft der Garten: Die Kirschen sind reif!

Günter Grass

LEBEN

Leben ist Gabe.
du bist da,
weil du dir gegeben bist.
Leben ist Geheimnis,
dir jeden Augenblick geschenkt,
von woandersher.

Leben
ist Aufgabe und Auftrag,
Frage und Antwort,
Entwurf und Schöpfung,
Gestaltung und Kunstwerk,
von woandersher.

Leben
ist Hingabe und Loslassen,
Aufbruch aus Gesichertem,
Abschied von Vertrautem,
Überfahrt ins Unbekannte,
woandershin.

Leben
ist Übergang und Durchgang
in ein anderes, neues Leben.
Du bist einer,
der sich vollendet,
woandershin.

Schau nach oben,
wo der Himmel ist.
Dein Schwerpunkt liegt über dir.
Leichtigkeit beginnt.
Du bist gehalten und geliebt,
von woandersher.

Lebe dein Leben.

Benedikt Werner Traut

Mit Texten von:
Christel Anders: S. 23 © bei der Autorin. **Manfred Fischer**: S. 22, 30 © beim Autor. **Hermine Geißler**: S. 8, 10-11, 26-27 © bei der Autorin. **Günter Grass**: S. 37 Quelle unbekannt. **Romano Guardini**: S. 23 aus: ders., Die Lebensalter. Ihre ethische und pädagogische Bedeutung, 13. TB-Auflage 2008, S. 92, Matthias-Grünewald-Verlag, Ostfildern. © Alle Autorenrechte liegen bei der Katholischen Akademie in Bayern. **Annedore Großkinsky**: S. 17 © bei der Autorin. **Ursula Kreutz**: S. 33 © bei der Autorin. **Hans Küng**: S. 24 aus: ders., Was ich glaube © 2009 Piper Verlag, München. **Carola Merkel**: S. 32 © bei der Autorin **Ute Latendorf**: S. 12, 36 © bei der Autorin. **Gundela Leenen**: S. 6-7 © bei der Autorin. **Gudrun Pausewang**: S. 13,14 © bei der Autorin. **Rainer Maria Rilke** (1857-1926): S. 18. **Maria Sassin**: S. 34 © bei der Autorin. **Marion Schmickler**: S. 32 © bei der Autorin. **Anne Steinwart**: S. 14 © bei der Autorin. **Benedikt Werner Traut**: S. 38-39 © beim Autor. **Sabine Ulrich**: S. 35 © bei der Autorin.. **Tina Willms**: S. 19, 28 © bei der Autorin. **Angelika Wolff**: S. 5, 16, 21, 29 © bei der Autorin.

Mit Bildern von:
o-zero/photocase.com (Umschlag), **momanuma/Fotolia.com** (S.4), **Jeanette Dietl/ Fotolia.com** (S.9), **Greg Pickens/Fotolia.com** (S.15), **turiruri/Fotolia.com** (S.20), **Olivier Le Moal/Fotolia.com** (S.25), **Thomas Francois/Fotolia.com** (S.31)

Bibliographische Information der Deutschen Nationalbibliothek:
Die Deutsche Nationalbibliothek verzeichnet diese Publikation in der Deutschen Nationalbibliographie; detaillierte Daten sind im Internet über http://dnb.d-nb.de abrufbar.

ISBN 978-3-86917-148-7

Im Alten Rathaus/Hauptstr. 37
D-79427 Eschbach/Markgräflerland

www.verlag-am-eschbach.de

Gestaltung, Satz und Repro: Finken & Bumiller, Stuttgart.
Schriftvorlagen: Petra Eva Hauser, Münstertal.
Herstellung: Druckwerke Reichenbach, Reichenbach/Vgtld.